DE SOMBRA Y LLANTO

Alfonsina Storni

DE SOMBRA Y LLANTO

ANTOLOGÍA

Selección de *Abelardo Linares*
Prólogo de Mª Ángeles Robles

RENACIMIENTO
SEVILLA • MMXXV

© Selección: Abelardo Linares
© Prólogo: M.ª Ángeles Robles
© 2025. Editorial Renacimiento

www.editorialrenacimiento.com
POLÍGONO NAVE EXPO, 17 • 41907 VALENCINA DE LA CONCEPCIÓN (SEVILLA)
tel.: (+34) 955998232 • editorial@editorialrenacimiento.com

Diseño de cubierta: Marie-Christine del Castillo

DEPÓSITO LEGAL: SE 91-2025 • ISBN: 979-13-87552-35-0
Impreso en España • Printed in Spain

ALFONSINA EN EL PUENTE

ALFONSINA Storni se suicidó el 25 de octubre de 1938 y este hecho, sin duda trascendental, ha marcado esencialmente la interpretación de su escritura y consolidado su imagen de mujer frágil, de amante sumisa, despechada y desesperada. Influyó en esta percepción sin duda su último poema, «Voy a dormir», y la consagró como mártir del amor no correspondido en el ideario colectivo la melancólica samba basada en este poema que Mercedes Sosa cantó por primera vez en 1969.

No están claros los motivos que llevaron a Storni a quitarse la vida. Parece que el cáncer que la aquejó durante sus últimos años tuvo que ver con esa decisión, pero la idea de que un amor desgraciado la impulsó a este acto extremo ha prevalecido hasta moldear el mito. No cabe duda de que la lectura de la poesía de Storni Sala

(Sala Capriasca) (Suiza), 29 de mayo de 1892-Mar del Plata (Argentina), 25 de octubre de 1938– ha estado marcada por ese sesgo concreto que ha dificultado profundizar en el verdadero carácter de la producción literaria de una de las poetas más sobresalientes de su generación. La diversidad de registros de su obra poética, el carácter enérgico y decidido de su voz y su inquietud por ahondar en la búsqueda de nuevas formas de expresión bien merecen una mirada atenta y desprejuiciada de esa obra.

Y no es que hayan faltado los intentos de poner en valor su corpus poético. Además de diversas ediciones de su poesía completa, han aparecido varias antologías que suelen redundar en la vertiente más ingenua y taciturna de la obra de la argentina y que, en muchas ocasiones, dejan a un lado poemas que pueden ofrecer por sí mismos otra interpretación más certera y, por qué no, más justa del conjunto de su producción literaria. Por citar dos de las recopilaciones más difundidas, señalaremos por un lado la *Poesía selecta* publicada en España por Círculo de Lectores. En esta compilación se incluyen un conjunto de poemas escogidos por la propia autora para una antología anterior, más un puñado de composiciones elegidas por su hijo, Alejandro Alfonso Storni, que también firma el prólogo. Por otro lado, no podemos obviar la muy popular, y un tanto conservadora, de Austral, que ha sido, por su enorme difusión, una de las antologías de referencia de la escritora.

La selección de poemas de Alfonsina Storni que tiene ahora el lector entre las manos no nace con la finalidad de dogmatizar sobre la obra de la poeta argentina ni tiene como objetivo ser su antología *definitiva*. Como lector atento y congruente, Abelardo Linares construye una antología personal que pone en valor la poesía menos convencional de Alfonsina Storni. Su mirada se detiene en esos poemas que respaldan una imagen de la autora alejada del tópico. Linares pone el acento en los poemas más reivindicativos, aquellos en los que su condición de combatiente feminista se pone claramente de manifiesto, pero también sobre una veta de la poesía de la argentina que podríamos reconocer como irónica e incluso humorística.

No podemos obviar el indiscutible tono melancólico de la poesía de Storni, aunque esta melancolía no viene tanto de la desilusión amorosa, que también, como del hecho de reconocerse como un ser único que sufre por serlo. Por un lado, está marcada por su condición de poeta. La escritura es para nuestra autora una forma de vida, una manera concreta de estar en el mundo, un impulso inevitable en el que se reconoce como creadora. Más que gozo, más que divertimento, incluso más que indagación, la poesía es para ella una manera de comunicación directa, un vínculo necesario entre su ser y los otros, un lacerante proceso de aceptación de sí misma. Podemos constatarlo en poemas como «Escribo» : «¿Para qué? No investigo. Mi mano se aconseja, / acaso, de un deseo destructor y perverso: // el de hundir cada instante, en el pomo-universo / de mi alma y carne, la espuela de la abeja, / para urgirla a que suelte, briosamente, su queja, / y ceñirla en el aro goloso de mi verso».

Su condición de mujer independiente es otro de los pilares fundamentales que determinan el tono general de la poesía de Storni. La escritora argentina se reconoce en la nueva mujer que se abre camino lejos de la sombra del hombre protector. Adelantada a su tiempo, reconocida feminista, su vida fue un ejemplo de este carácter indómito. Mujer trabajadora –como docente, pero también como cajera–, madre sola y poeta, –«Cada día que pasa, más dueña de mí misma / [ ] ya ni domino esclavos, ni tolero señor» («Van pasando mujeres»)–

se identifica como mujer-animal –de «loba» califica a la joven tempestuosa de su poema «Mañana de domingo»–, que puede ser delicada y mansa, pero también voluptuosa y fiera. Pero sobre todo, se reconoce en su inteligencia y en su curiosidad. Su mente siempre despierta, su actitud alerta ante los estímulos sensuales e intelectuales perfilan su carácter y su turbadora lucidez: «Oh, no he tenido nunca las bellas primaveras / que tienen las mujeres cuando todo lo ignoran», nos dice en su poema «Miedo», y en el citado «Van pasando mujeres», uno de los poemas claves para entender la actitud vital de Storni, «Nací yo sin blancura; pequeña todavía / el pequeño cerebro se puso a combinar; / cuenta mi pobre madre que, como comprendía, / yo aprendí muy temprano la ciencia de llorar».

La poesía amorosa de Alfonsina Storni tiene un peso indiscutible en el conjunto de su obra. Se trata en ocasiones de un amor casi místico en el que se exalta la unión carnal y espiritual de los amantes. En otros casos, la poeta busca un compañero que sepa entender sus anhelos. Las más de las veces, se siente decepcionada por no hallar esa alma capaz de entender la suya: «¿De qué me quejo? Es cierto que me bajé hasta el fondo / del alma del que amaba, y lleno de sí mismo / lo hallé, y al viento helado de su helado egoísmo / dudé que el globo fuera, como dicen, redondo» («¿De qué me quejo?»).

Lejos de ser únicamente una lánguida criatura doliente de amor, la escritora es una mujer orgullosa y libre que gusta del amor pero también del sexo: esa «trampa mortal» que describe en su poema «A Eros».

Destacan en esta antología un conjunto de poemas en los que la autora se enfrenta a la relación de amor, o más bien de desamor —«Me enseñaron los hombres cosas negras, horribles» («Lo mismo»)—, con pasmoso ingenio y valiente ironía. Ejemplo certero es el poema «Hombre pequeñito» —«Tampoco te entiendo, pero mientras tanto / ábreme la jaula que quiero escapar; / hombre pequeñito, te amé media hora, / no me pidas más»—, pero resulta paradigmático el titulado «Encuentro», en el que se describe una breve entrevista con un antiguo amante. Arranca el poema con la circunstancial confluencia de los que fueron un día enamorados en plena calle y la evocación del amor pasado —«dos largos años hubo poseído mi vida»— aunque la actitud de ella se torna pronto distante —«lo miré sin sorpresa, jugando con mis guantes»— hasta desembocar en la fatídica, y por qué no algo cómica, pregunta: «¿Por qué tienes ahora amarillos los dientes?».

Incontestable la presencia de la muerte que es siempre fin, pero también liberación. Espacio abierto frente a la constricción de la vida y sus convencionalismos. Y todo es perecedero para Storni, todo provisional e incongruente, todo incomprensible y azaroso: «Vengo de un pozo: la vida, / voy hacia otro: la muerte / Lo que va del uno a otro / es un puente». La muerte es el insoslayable final de la vida, pero es sobre todo el descanso, como nos dice en «Epitafio para mi tumba» –Duermo mi sueño eterno a pierna suelta, / me llaman y no quiero darme vuelta»– o en el famoso «Voy a dormir»: «Voy a dormir, nodriza mía, acuéstame».

Esta selección nos permite adentrarnos en una muy interesante vertiente de la poesía de Storni: la que expresa la cotidianidad, la experiencia concreta que sucede en un ahora que deviene en eternidad gracias a la potencia de las imágenes y a la frescura del momento recreado. Poemas como «Han venido» («Hemos comido juntas en la pieza / más tibia de la casa») o «Plaza en invierno» («Bancos inhospitalarios, / húmedos, / expulsan de su borde / a los emigrantes soñolientos») en los que la autora recrea un espacio íntimo en el que la dignidad y la inocencia cobran sentido.

Alfonsina Storni es sin duda una de las poetas más sobresalientes de la primera mitad del siglo xx y, como tal, merece una lectura atenta con ojos nuevos para entender y disfrutar de ella. A través de los poemas de esta antología podemos redescubrir a una poeta intuitiva, de enorme fuerza, moderna y rompedora, de notable dominio técnico, que pronto reconduce su herencia modernista para alzarse con voz propia en el panorama de las letras argentinas. Mujer luchadora y siempre independiente, Alfonsina Storni alza su voz profunda y comprometida, una voz única e irreductible que nos habla de la vida, del amor y de la muerte a través de su obra.

M.ª Ángeles Robles

DE SOMBRA Y LLANTO

PRIMAVERA

RISUEÑA CARICIA, yo no sé qué savias
viertes en las venas que vida provocas:
desatas mis penas y las desagravias
y muertas se cubren de mortajas locas.

Las siento que roen, pero yo diría
que hicieron puñales de espinas de rosa
y si arrancan sangre ponen ambrosía
en la misma sangre que al brotar retoza.

Risueña caricia, me arrullas, ¡me gritas!
te siento muy suave y te siento trágica…
me llamas, acaso de amor son tus citas
y acaso es de muerte tu caricia mágica…

Pero no, no quiero analizar, te sigo;
anulo el cerebro, rompo sus marañas,
y tan hondo triunfas que al vibrar contigo
¡Revientan en flores todas mis entrañas!

EL SUEÑO

Yo vi dos soles rojos dominando el espacio...
perlaban en sus rayos las luces del topacio
y tendí mis dos manos hambrientas de infinito
para estrujar en ellas un inefable Mito.

Las dos pupilas rojas como rosas del cielo
cegaron mis pupilas, soberbias en su anhelo
de mirar cara a cara los toques de diamantes
que estaban en el éter como luces distantes.

Después como un crujido de mundos que se quiebran...
tempestades soberbias que en los mares se enhebran;
parto de los infiernos... un quejido de Dios...
¡Y bocas que se muerden en un supremo adiós!

Más tarde una sonata más dulce que la miel;
agonía de lirios en el jardín aquel

palacio de oro y oro donde habita una maga
que ha dormido cien años por maldición aciaga.

Y después manos blancas desparramando rosas
sobre el alma escondida y serena de las cosas...
y un silencio de muerte cansado y sepulcral
donde se prende el lotus venenoso del mal.

Y después la mañana que llega a los cristales
del cuarto miserable donde muerdo mis males...
y después otro día que se esboza en el lloro
de mis días sin sol, ¡de mis soles sin oro!...

YO QUIERO

VOLVER a lo que fui, materia acaso
sin conciencia de ser, como la planta
gustar la vida y en belleza tanta
sorber la savia sin quebrar el vaso.

DESOLACIÓN

¡Oh! ¡Qué caricia inmensa la que en mi pecho habita!
cabría el mundo entero en la entraña que late,
y allí se adormiría en dulzura infinita
el grito de dolor que llega del combate.

Yo cuido esa mimosa que en mi pecho palpita,
la cuido y la defiendo del humano acicate,
y tengo por sus nervios de inquietud exquisita
tan enorme piedad que mis fuerzas abate.

¡Jamás la entregaré! Mi pobre sensitiva
se agostará en el hielo de mi coraza altiva,
se morirá en mi pecho castigada de sed.

Y cuando su cadáver me traiga mucho frío
me iré serenamente del país del hastío
al país del Misterio que nos tiende su red...

MI YO

Hay en mí la conciencia de que yo pertenezco
al Caos, y soy solo una forma material,
y mi yo, y mi todo, es algo tan eterno
como el vertiginoso cambio universal.

Soy como algo del Cosmos. En mi alma se expande
una fuerza que acaso es de electricidad,
y vive en otros mundos tan llenos de infinito
que me siento en la tierra llena de soledad.

Cuando en un día tibio percibo la caricia
de la vida, hay un algo que pasa por mí
tan intenso y extraño, que deseo morirme
para seguir viviendo como nunca viví…

¡Vida! ¡Toda la vida!… Es el grito que siento
subir de mis entrañas hasta la inmensidad…

¡Cada, célula mía quisiera ser un astro,
un mar, ¡todo el misterio de la fecundidad!

Mi cuerpo, que es mi alma, suele sentirse guzla,
una guzla de plata con cuerdas de cristal
naturaleza templa la cuerda y es por eso
que me siento encarnada en todo lo ancestral.

NADA SE HABÍA MOVIDO

¡Bah! ¡Si ni somos algo! Se me ocurre esta frase
recordando una extraña impresión de mi vida.
Una amiga que tengo me hizo llamar, doliente,
su madre estaba enferma, su madre se moría…

Hasta la casa triste me allegué presurosa
y antes de penetrar me detuve un momento…
¿Se habrá muerto? –me dije– y miré las persianas
cerradas. En la casa reinaba gran silencio.

¿Se habrá muerto? –volvieron a pensar los helados
presentimientos míos– y miré alrededor…
era un día glorioso, de plena primavera,
sereno, palpitante, ¡toda una floración!

¿Entrar?… ¿No entrar?… ¿Qué haría?… Me golpeaban
    las sienes

y me sentía presa de una emoción tan rara
que, cobarde, indecisa, violenta y temblorosa
en el umbral de mármol quedé como clavada.

De pronto yo sentí como una voz intensa
que puesta en mis oídos le hablaba al corazón,
y aquella voz me dijo: «¡No ha muerto! ¿No reparas
que la tierra no tiembla y no se ha roto el sol?».

....

La madre de mi amiga, no obstante, había muerto
antes que yo llegara. Lo averigüé después.
Y yo siempre me acuerdo de aquella voz extraña:
«¡No ha muerto! El sol, la tierra, ¿se han movido tal vez?».

CAPRICHO

Escrútame los ojos, sorpréndeme la boca,
sujeta entre tus manos esta cabeza loca;
dame a beber veneno, el malvado veneno
que te moja los labios a pesar de ser bueno.

Pero no me preguntes, no me preguntes nada
de por qué lloré tanto en la noche pasada;
las mujeres lloramos sin saber, porque sí:
es esto de los llantos pasaje baladí.

Bien se ve que tenemos adentro un mar oculto,
un mar un poco torpe, ligeramente estulto,
que se asoma a los ojos con bastante frecuencia
y hasta lo manejamos con una dúctil ciencia.

No preguntes, amado, lo debes sospechar;
en la noche pasada no estaba quieto el mar.

Nada más. Tempestades que las trae y las lleva
un viento que nos marca cada vez costa nueva.

Sí, vanas mariposas sobre jardín de Enero,
nuestro interior es todo sin equilibrio y huero.
Luz de cristalería, fruto de carnaval
decorado en escamas de serpientes del mal.

Así somos, ¿no es cierto? Ya lo dijo el poeta:
Movilidad absurda de inconsciente coqueta,
deseamos y gustamos la miel de cada copa
y en el cerebro habemos un poquito de estopa.

Bien; no, no me preguntes. Torpeza de mujer,
capricho, amado mío, capricho debe ser.
Oh, déjame que ría… ¿No ves qué tarde hermosa?
Espínate las manos y córtame esa rosa.

BAJO TUS MIRADAS

Es bajo tus miradas donde nunca zozobro;
es bajo tus miradas tranquilas donde cobro
propiedades de agua; donde río, parlera,
cubriéndome de flores como la enredadera.

Es bajo tus miradas azules donde sobro
para el duelo; despierto sueños nuevos y obro
con tales esperanzas, que parece me hubiera
un deseo exquisito dictado Primavera:

Tener el alma fresca, limpia; ser como el lino
que es blanco y huele a hierbas. Poseer el divino
secreto de la risa; que la boca bermeja

persista hasta el silencio postrero, bella, fuerte,
¡Y libe en la corola suprema de la Muerte
con su última abeja!

EL POEMA DE LA RISA

Y fue una tarde cálida saturada de aromas;
tras el breve montículo de las lejanas lomas
el sol desparramaba sus brochazos rojizos
que te fingían llamas en los revueltos rizos.

Yo hundía mis dos manos entre tu cabellera,
celosa de la hora, bañada en Primavera.
Cosquilleante la risa me mordía la boca,
una risa de oro, ligeramente loca.

¿Nunca le has preguntado nada a tu corazón?
¿Y si le preguntaras, te daría razón
de dónde puede hallarse la risa cristalina
perdida en una tarde demasiado divina?

No extrañes que en mis labios esta pregunta enhebre,
porque como bebías con un poco de fiebre

y en saberme callada te afanabas de prisa
puede ser que en tu pecho se halle atada mi risa.

Y es humano que sea. Tú ríes demasiado…
además, mi tristeza sapiente me ha contado
que andas coleccionando risas, porque tu mal
adora las cascadas sonoras del cristal.

Prefieren las gargantas que solo una vez ríen,
cuyas perlas al fuego de un beso se deslíen,
que hay risas que conviene no verlas duplicadas
porque no alcanzarían a las notas pasadas.

Eres artista y hombre, mi buen amigo mío,
tu fuego es, en resumen, una fuente de frío.
Cortas, cortas y cortas. Más bien creo que talas
a tus plantas se advierten cadáveres de alas.

Pero tienes la boca divinamente buena,
y tu voz es muy suave. Gusta una nazarena
manera de fingirse curadora de males
y tus besos son como la miel de los panales.

Yo lo sé todo y callo. Me contagio de olvido
y perdono la fiebre con que hubiste bebido
mi pobre risa triste, mi pobre risa huera
en la pasada tarde de rubia primavera.

Porque pienso que un día nos soplará los labios
la Muerte y serán nada los besos tuyos sabios.
y será nada aquella larga tristeza mía
que me mordió las frescas uvas de mi alegría.

Oh, pobre amigo mío, de sueño sempiterno,
quién me diera alejarte de las nieves de Invierno,
cruzar tus manos antes que Primavera huya,
cerrar tus ojos antes que el vino se concluya.

Toma mi vida, hazla, si lo quieres, tu esclava,
átala, mas no sepas nunca cómo se acaba
el buen vino de oro, por haber dado entera
la risa en una tarde fatal de Primavera.

TRANSFUSIÓN

La vida tuya sangre mía abona
Y te amo a muerte, te amo; si pudiera
bajo los cielos negros te comiera
el corazón con dientes de leona.

Antes de conocerte era ladrona
y ahora soy menguada prisionera.
¡Cómo luces de bien, mi primavera!
¡Cómo brilla en tu frente mi corona!

Sangre que es mía en tus pupilas arde
y entre tus labios pone cada tarde
las uvas dulces con que Pan convida.

Y en tanto, flor sin aire, flor en gruta,
me exprimo toda en ti como una fruta
y entre tus manos se me va la vida.

PRESENTIMIENTO

Tengo el presentimiento que he de vivir muy poco.
Esta cabeza mía se parece al crisol,
purifica y consume,
Pero sin una queja, sin asomo de horror,
para acabarme quiero que una tarde sin nubes,
bajo el límpido sol,
Nazca de un gran jazmín una víbora blanca
que dulce, dulcemente, me pique el corazón.

ESTE LIBRO

ME vienen estas cosas del fondo de la vida:
acumulado estaba, yo me vuelvo reflejo...
agua continuamente cambiada y removida;
así como las cosas, es mudable el espejo.

Momentos de la vida aprisionó mi pluma,
momentos de la vida que se fugaron luego,
momentos que tuvieron la violencia del fuego
o fueron más livianos que los copos de espuma.

En todos los momentos donde mi ser estuvo,
en todo esto que cambia, en todo esto que muda,
en toda la sustancia que el espejo retuvo,
sin ropajes, el alma está limpia y desnuda.

Yo no estoy y estoy siempre en mis versos, viajero,
pero puedes hallarme si por el libro avanzas
dejando en los umbrales tus fieles y balanzas:
requieren mis jardines piedad de jardinero.

SILENCIO...

Un día estaré muerta, blanca como la nieve,
dulce como los sueños en la tarde que llueve.

Un día estaré muerta, fría como la piedra,
quieta como el olvido, triste como la hiedra.

Un día habré logrado el sueño vespertino,
el sueño bien amado donde acaba el camino.

Un día habré dormido con un sueño tan largo
que ni tus besos puedan avivar el letargo.

Un día estaré sola, como está la montaña
entre el largo desierto y la mar que la baña.

Será una tarde llena de dulzuras celestes,
con pájaros que callan, con tréboles agrestes.

La primavera, rosa, como un labio de infante,
entrará por las puertas con su aliento fragante.

La primavera rosa me pondrá en las mejillas
—¡la primavera rosa!— dos rosas amarillas...

La primavera dulce, la que me puso rosas
encarnadas y blancas en las manos sedosas.

La primavera dulce que me enseñara a amarte,
la primavera misma que me ayudó a lograrte.

¡Oh la tarde postrera que imagino yo muerta
como ciudad en ruinas, milenaria y desierta!

¡Oh la tarde como esos silencios de laguna
amarillos y quietos bajo el rayo de luna!

¡Oh la tarde embriagada de armonía perfecta:
cuán amarga es la vida! ¡Y la muerte qué recta!

La muerte justiciera que nos lleva al olvido
como al pájaro lo acogen en el nido...

Y caerá en mis pupilas una luz bienhechora,
la luz azul celeste de la última hora.

Una luz tamizada que bajando del cielo
me pondrá en las pupilas la dulzura de un velo.

Una luz tamizada que ha de cubrirme toda
con su velo impalpable como un velo de boda.

Una luz que en el alma musitará despacio:
la vida es una cueva, la muerte es el espacio.

Y que ha de deshacerme en calma lenta y suma
como en la playa de oro se deshace la espuma.

....

Oh, silencio, silencio... esta tarde es la tarde
en que la sangre mía ya no corre ni arde.

Oh silencio, silencio... en torno de mi cama
tu boca bien amada dulcemente me llama.

Oh silencio, silencio que tus besos sin ecos
se pierden en mi alma temblorosos y secos.

Oh silencio, silencio que la tarde se alarga
y pone sus tristezas en tu lágrima amarga.

Oh silencio, silencio que se callan las aves,
se adormecen las flores, se detienen las naves.

Oh silencio, silencio que una estrella ha caído
dulcemente a la tierra, dulcemente y sin ruido.

Oh silencio, silencio que la noche se allega
y en mi lecho se esconde, susurra, gime y ruega.

Oh silencio, silencio… que el Silencio me toca
y me apaga los ojos, y me apaga la boca.

Oh silencio, silencio… que la calma destilan
mis manos cuyos dedos lentamente se afilan…

MIEDO

Aquí, sobre tu pecho, tengo miedo de todo;
estréchame en tus brazos como una golondrina,
y dime la palabra, la palabra divina
que encuentre en mis oídos dulcísimo acomodo.

Háblame amor, arrúllame, dame el mejor apodo,
besa mis pobres manos, acaricia la fina
mata de mis cabellos, y olvidaré, mezquina,
que soy, oh cielo eterno, solo un poco de lodo.

¡Es tan mala la vida! ¡Andan sueltas las fieras!...
oh, no he tenido nunca las bellas primaveras
que tienen las mujeres cuando todo lo ignoran.

En tus brazos, amado, quiero soñar en ellos,
mientras tus manos blancas suavizan mis cabellos,
mientras mis labios besan, mientras mis ojos lloran.

LUZ

Anduve en la vida preguntas haciendo.
muriendo de tedio, de tedio muriendo.

Rieron los hombres de mi desvarío…
¡es grande la tierra! se ríen… yo río…

Escuché palabras; ¡abundan palabras!
unas son alegres, otras son macabras.

No pude entenderlas; pedí a las estrellas
lenguaje más claro, palabras más bellas.

Las dulces estrellas me dieron tu vida
y encontré en tus ojos la verdad pedida.

¡Oh tus ojos llenos, de verdades tantas,
tus ojos oscuros donde el orbe mido!

Segura de todo me tiro a tus plantas:
descanso y olvido.

OYE...

Yo seré a tu lado silencio, silencio,
perfume, perfume, no sabré pensar,
no tendré palabras, no tendré deseos,
solo sabré amar.

Cuando el agua caiga monótona y triste
buscaré tu pecho para acurrucar
este peso enorme que llevo en el alma
y no sé explicar.

Te pediré entonces tu lástima, amado,
para que mis ojos se den a llorar
silenciosamente, como el agua cae
sobre la ciudad.

Y una noche triste, cuando no me quieras,
secaré los ojos y me iré a bogar
por los mares negros que tiene la muerte,
para nunca más.

HOMBRE PEQUEÑITO

Hombre pequeñito, hombre pequeñito,
suelta a tu canario que quiere volar…
yo soy el canario, hombre pequeñito,
déjame saltar.

Estuve en tu jaula, hombre pequeñito,
hombre pequeñito que jaula me das.
Digo pequeñito porque no me entiendes,
ni me entenderás.

Tampoco te entiendo, pero mientras tanto
ábreme la jaula que quiero escapar;
hombre pequeñito, te amé media hora,
no me pidas más.

¡CANTA!

Mientras la sombra de la noche espanta
y sufro, dudo, me estremezco y lloro,
pájaro bello de las alas de oro
que nada sabes de los hombres: ¡Canta!

EL DIVINO AMOR

TE ando buscando amor que nunca llegas,
te ando buscando amor que te mezquinas,
me aguzo por saber si me adivinas,
me doblo por saber si te me entregas.

Las tempestades mías, andariegas,
se han aquietado sobre un haz de espinas;
sangran mis carnes gotas purpurinas
porque a salvarme, oh niño, te me niegas.

Mira que estoy de pie sobre los leños,
que a veces bastan unos pocos sueños
para encender la llama que me pierde.

Sálvame, amor, y con tus manos puras
trueca este fuego en límpidas dulzuras
y haz de mis leños una rama verde.

NOCHE LÚGUBRE

Estaba la noche compacta y sombría
cuando me detuve de golpe a tu puerta,
tu puerta de oro donde estaba escrito:
«Golpea viajera».

Estaba tu casa rodeada de plantas
y llena de luces en medio a la estepa;
sonaban laúdes, trepaban rosales
por sobre las verjas.

—¡Ábreme! –mi grito resonó en la noche
y huyeron del cielo todas las estrellas…
—¡Ábreme! –mi grito se hinchó en el desierto,
palpitó la arena.

Rebaños de lobos hambrientos me siguen,
serpientes y tigres, leones y hienas,

me buscan los rastros, me siguen aprisa.
Ábreme tu puerta…

—Dame un rincón blando dentro de tu pecho
para que repose, toma las cadenas
que oprimen mis brazos y cárgalas, ponme
piadoso tus vendas.

—Me echaré a tus plantas, humilde, sumisa,
guardaré tus ojos, beberé tus penas,
viviré de tu alma, pero dame, dulce,
dame el alma entera.

Te asomaste entonces; debajo tus manos
como la esperanza se movió tu puerta:
miraste mis ojos, mis ojos sombríos,
mi boca en tormenta.

Miraste el desierto, y aullidos de lobos,
silbidos de sierpes, rugidos de hienas
sonaron terribles. Las sombras estaban
compactas y negras.

Me buscan, me siguen, repetí temblando…
(mis ojos echaban la luz de una hoguera).
Me buscan, me siguen… Rasgarán mis manos,
comerán mi lengua.

Pero tu mirada se volvió de hielo;
—Queman demasiado tus ojos viajera,
–me dijo tu boca–. Sigue tu camino,
no es tuya mi puerta.

—Mi casa es de sombras, de dulce reposo,
de apacible aroma, de tranquilas selvas,
me traes la noche, mujer; en tus manos
se ve la tormenta.

Camino al desierto me volví gritando:
leones y tigres, serpientes, panteras,
rasgadme las carnes, libertadme el alma,
¡oh malas, sed buenas! …

Una a una luego por el lado mío,
piadosas y tristes, pasaron las fieras…
¡cerrada tu alma!… ¡cerrada tu alma!…
no había una estrella.

¡AYMÉ!

Y sabías amar, y eras prudente,
y era la primavera y eras bueno,
y estaba el cielo azul, resplandeciente.

Y besabas mis manos con dulzura,
y mirabas mis ojos con tus ojos,
que mordían a veces de amargura.

Y yo pasaba como el mismo hielo...
yo pasaba sin ver en dónde estaba
ni el cruel infierno ni el amable cielo.

Yo no sentía nada... En el vacío
vagaba con el alma condenada
a mi dolor satánico y sombrío.

Y te dejé marchar calladamente,
a ti que amar sabías y eras bueno,
y eras dulce, magnánimo y prudente.

…Toda palabra en ruego te fue poca,
pero el dolor cerraba mis oídos…
ah, estaba el alma como dura roca.

¡LIBERTAD!

Entré a tu alma a conocerla y tuve
horror tan pronto que en su seno estuve.

Tu alma es una habitación cuadrada
de aire grasiento y humedad salada.

La luz por claraboya miserable
entra hasta la buhardilla inhabitable.

Alma de muerto tanto horror no diera,
alma de muerto tanto mal no hiciera.

Crujieron mis pulmones: en el seno
del alma tuya respiré veneno.

Dije en un grito lúgubre y horrendo,
dije en un grito que lo estoy oyendo:

«Aire, más aire para el alma mía,
no puedo más, me estoy intoxicando».

¡Ah!… ¡Me he salido ahogada, y correteando
estoy ahora por la selva umbría!…

QUIZÁS

¡Oh, esta noche, esta noche me tiraría triste
debajo de la luna y te diría, ven,
oh, muerte bienhechora, que para ti me hiciste…
Apágame los ojos y anúlame la sien!

Astros, sistemas, mundos, me pesan en los hombros;
me pesa la tristeza, me deshace el dolor.
Mis manos, ofendidas, no tocan más que escombros,
y cien largas espinas han brotado en mi flor.

¡Abríos rosas blancas! ¡Volad, volad, palomas!
Poneos encarnadas, sabrosísimas pomas
Abejas, haced mieles. Derramaos laúd

Bajo la noche de oro, con una luna inmensa,
tal vez quede mi vida para siempre suspensa,
muy rubia mi cabeza, muy negra mi inquietud…

LO MISMO

Estoy entre tus manos porque en ellas mi alma
juega tranquilamente a la vida y la muerte.
No me importas, ventura, que ganarte o perderte
me tiene sin cuidado. Es suprema mi calma.

Me enseñaron los hombres cosas negras, horribles,
y me encogí un momento acosada de miedos.
Después perdí pavura… Me he soltado en tus dedos.
Ya conozco la vida y no pido imposibles.

Sólo el cielo es perfecto; esta tierra es mezquina;
andamos y volvemos, volvemos y seguimos;
nos persigue la sombra de quienes perseguimos;
se cae quien va a saltos, tropieza el que camina.

Ya que es así mis manos se cubran de claveles,
y deliciosas músicas encanten mis oídos;

mis labios digan versos; se dobleguen vencidos
los cabellos de rosas y los labios de mieles.

No detendré la Muerte ni torceré la Vida.
mi palabra, mi acento, no tendrán consecuencia:
por muy alta que sea, será errada mi ciencia;
está bien. Me es lo mismo la muerte que la vida.

BIEN PUDIERA SER...

Pudiera ser que todo lo que en verso he sentido
no fuera más que aquello que nunca pudo ser,
no fuera más que algo vedado y reprimido
de familia en familia, de mujer en mujer.

Dicen que en los solares de mi gente, medido
estaba todo aquello que se debía hacer...
dicen que silenciosas las mujeres han sido
de mi casa materna... Ah, bien pudiera ser...

A veces en mi madre apuntaron antojos
de liberarse, pero, se le subió a los ojos
una honda amargura, y en la sombra lloró.

Y todo eso mordiente, vencido, mutilado;
todo eso que se hallaba en su alma encerrado,
pienso que sin quererlo lo he libertado yo.

BROCHE

A pesar de todo esto donde muero de angustia
oigo voces que dicen: date más, date más…
¿Qué más puedo ya darte? A los vientos mi alma,
para quien la comprenda… a los vientos está.

Algunas voces siguen diciendo todavía:
el alma es poca cosa, date más, date más…
Oh, quisiera yo darte lo que tengo y no tengo,
pero tú que lo pides, ¿qué es lo que me darás?…

Pequeños somos, hombre, pequeños y menguados;
ah, por más que yo hable nunca me entenderán.
Vulgares por la calle se me saldrán al paso.
diciéndome sin tregua: ¡date más, date más!…

Fuera yo inagotable como mina de oro,
fuera yo inagotable, generoso caudal,

y oyera a cada paso cómo dicen las voces
tranquilas y felices: date más, date más…

¿No sabes lo que arrancan las palabras que arrojo?…
la lengua se te caiga si dices al pasar:
mujer que das el alma de tan fácil manera…
es poco lo que ofreces: date más, date más.

LIMOSNA

Ahora quiero un alma, ser el que voy buscando,
ahora quiero un alma para poder amar;
échame sobre el alma gota a gota tu alma,
el cielo de tu alma, ya no pretendo más.

Quiero un alma, es un alma lo que busco en la vida,
es un alma, es un alma; ¿por dónde vagará?
Y el alma es como un cielo: quiero un alma estrellada,
con un alma estrellada me quiero iluminar.

Soy una pobre cosa; nadie más pobre cosa
que yo, que busco un alma sin poderla encontrar;
la compro con la vida, al que la traiga pago
con mi vida su alma. ¿Quién me la quiere dar?

HAN VENIDO...

Hoy han venido a verme
mi madre y mis hermanas.

Hace ya tiempo que yo estaba sola
con mis versos, mi orgullo... casi nada.

Mi hermana, la más grande, está crecida,
es rubiecita; por sus ojos pasa
el primer sueño. He dicho a la pequeña:
—La vida es dulce. Todo mal acaba...

Mi madre ha sonreído como suelen
aquellos que conocen bien las almas;
ha puesto sus dos manos en mis hombros,
me ha mirado muy fijo...
y han saltado mis lágrimas.

Hemos comido juntas en la pieza
más tibia de la casa.
cielo primaveral… para mirarlo
fueron abiertas todas las ventanas.

Y mientras conversábamos tranquilas
de tantas cosas viejas y olvidadas,
mi hermana, la menor, ha interrumpido:
—Las golondrinas pasan…

ESTA TARDE

AHORA quiero amar algo lejano...
algún hombre divino
que sea como un ave por lo dulce,
que haya habido mujeres infinitas
y sepa de otras tierras, y florezca
la palabra en sus labios, perfumada:
suerte de selva virgen bajo el viento...

Y quiero amarlo ahora. Esta la tarde,
blanda y tranquila como espeso musgo,
tiembla mi boca y en mis dedos finos
se deshacen mis trenzas poco a poco.

Siento un vago rumor... Toda la tierra
está cantando dulcemente...
Lejos, los bosques se han cargado de corolas,
desbordan los arroyos de sus cauces

y las aguas se filtran en la tierra
así como mis ojos en los ojos
que estoy soñando embelesada…

Pero
ya está bajando el sol tras de los montes,
las aves se acurrucan en sus nidos,
la tarde ha de morir y él está lejos…
lejos como este sol que para nunca
se marcha y me abandona, con las manos
hundidas en las trenzas, con la boca
húmeda y temblorosa, con el alma
sutilizada, ardida en la esperanza
de este amor infinito que me vuelve
dulce y hermosa…

VAN PASANDO MUJERES...

CADA día que pasa, más dueña de mí misma,
sobre mí misma cierro mi morada interior;
en medio de los seres la soledad me abisma.
ya ni domino esclavos, ni tolero señor.

Ahora van pasando mujeres a mi lado
cuyos ojos trascienden la divina ilusión.
El fácil paso llevan de un cuerpo aligerado:
se ve que poco o nada les pesa el corazón.

Algunas tienen ojos azules e inocentes;
van soñando embriagadas, los pasos al azar;
la claridad del cielo se aposenta en sus frentes
y como son muy finas se las oye soñar.

Sonrío a su belleza, tiemblo por sus ensueños,
el fino tul de su alma ¿quién lo recogerá?

son pequeñas criaturas, mañana tendrán dueños,
y ella pedirá flores… y él no comprenderá.

Les llevo una ventaja que place a mi conciencia:
los sueños que ellas tejen no los supe tejer,
y en manos ignorantes no perdí mi inocencia.
como nunca la tuve, no la pude perder.

Nací yo sin blancura; pequeña todavía
el pequeño cerebro se puso a combinar;
cuenta mi pobre madre que, como comprendía,
yo aprendí muy temprano la ciencia de llorar.

Y el llanto fue la llama que secó mi blancura
en las raíces mismas del árbol sin brotar,
y el alma está candente de aquella quemadura.
¡Hierro al rojo mi vida! ¿Cómo pude durar?

Alma mía, la sola; tu limpieza, escondida
con orgullo sombrío, nadie la arrullará;
si en música divina fuera el alma adormida,
el alma, comprendiendo, no despertara ya.

Tengo sueño mujeres, tengo un sueño profundo.
oh humanos, en puntillas el paso deslizad;
mi corazón susurra: me haga silencio el mundo,
y mi alma musita fatigada: ¡callad! …

QUEJA

Señor, mi queja es esta,
tú me comprenderás:
de amor me estoy muriendo.
Pero no puedo amar.

Persigo lo perfecto
en mí y en los demás,
persigo lo perfecto
para poder amar.

Me consumo en mi fuego
¡Señor, piedad, piedad!
de amor me estoy muriendo,
¡pero no puedo amar!

EL RUEGO

Señor, Señor, hace ya tiempo, un día
soñé un amor como jamás pudiera
soñarlo nadie, algún amor que fuera
la vida, toda la poesía.

Y pasaba el invierno y no venía,
y pasaba también la primavera,
y el verano de nuevo persistía,
y el otoño me hallaba con mi espera.

Señor, Señor: mi espalda está desnuda:
¡haz restallar allí, con mano ruda,
el látigo que sangra a los perversos!

Que está la tarde ya sobre mi vida,
¡y esta pasión ardiente y desmedida
la he perdido, Señor, haciendo versos!

ESCLAVA

Yo te seguí en la sombra como una
sombra funesta de tu luz esclava
y eras en mí como una espina brava.
Y eras en mí como piedad de luna.

Yo te seguí feroz como ninguna
por tierras muertas entre fuego y lava;
decía en llanto: si mi vida acaba
tu espalda viendo lo tendré a fortuna.

Dulce tu alma como fruta a punto
la vi exprimirse sobre un alma blanca
que ahora vive, con la tuya, junto.

Dolor gemidos de mi pecho arranca,
mas al impulso de una fuerza loca
cuando la besas tú, beso su boca.

LA ARMADURA

Mujer: tú la virtuosa, y tú la cínica,
y tú la indiferente o la perversa;
mirémonos sin miedo y a los ojos:
nos conocemos bien. Vamos a cuentas.

Bajo armadura andamos: si nos sobra
el alma, la cortamos; si no llena,
por mengua, la armadura, pues la henchimos:
con la armadura andamos siempre a cuestas.

¡Armadura feroz! Mas conservadla.
Si algún día destruirla pretendierais,
del solo esfuerzo de arrojarla lejos
os quedaríais como yo, bien muertas.

SOY

Soy suave y triste si idolatro, puedo
bajar el cielo hasta mi mano cuando
el alma de otro al alma mía enredo.
Plumón alguno no hallarás más blando.

ninguna como yo las manos besa,
ni se acurruca tanto en un ensueño,
ni cupo en otro cuerpo, así pequeño,
una alma humana de mayor terneza.

Muero sobre los ojos, si los siento
como pájaros vivos, un momento,
aletear bajo mis dedos blancos.

Sé la frase que encanta y que comprendo,
y sé callar cuando la luna asciende
enorme y roja sobre los barrancos.

PALABRAS A MI MADRE

No las grandes verdades yo te pregunto, que,
no las contestarías; solamente investigo
si, cuando me gestaste, fue la luna testigo,
por los oscuros patios en flor, paseándose.

Y si, cuando, en tu seno de fervores latinos,
yo escuchando dormía, un ronco mar sonoro
te adormeció las noches, y miraste, en el oro
del crepúsculo, hundirse los pájaros marinos.

Porque mi alma es toda fantástica, viajera,
y la envuelve una nube de locura ligera
cuando la luna nueva sube al cielo azulino.

Y gusta, si el mar abre sus fuertes pebeteros,
arrullada en un claro cantar de marineros
mirar las grandes aves que pasan sin destino.

TÚ QUE NUNCA SERÁS...

SÁBADO fue y capricho el beso dado,
capricho de varón, audaz y fino,
mas fue dulce el capricho masculino
a este mi corazón, lobezno alado.

No es que crea, no creo, si inclinado
sobre mis manos te sentí divino
y me embriagué; comprendo que este vino
no es para mí, mas juego y rueda el dado...

Yo soy ya la mujer que vive alerta,
tú el tremendo varón que se despierta
y es un torrente que se ensancha en río

Y más se encrespa mientras corre y poda.
Ah, me resisto, mas me tienes toda,
tú, que nunca serás del todo mío.

LAS GRANDES MUJERES

En las grandes mujeres reposó el universo.
Las consumió el amor, como el fuego al estaño,
a unas; reinas, otras, sangraron su rebaño.
Beatriz y Lady Macbeth tienen genio diverso.

De algunas, en el mármol, queda el seno perverso.
Brillan las grandes madres de los grandes de antaño
y es la carne perfecta, dadivosa del daño.
y son las exaltadas que entretejen el verso.

De los libros las tomo como de un escenario
fastuoso –¿Las envidias, corazón mercenario?
son gloriosas y grandes; y eres nada, te arguyo.

—Ay, rastreando en sus almas, como en selva las lobas,
a mirarlas de cerca me bajé a sus alcobas
y oí un bostezo enorme que se parece al tuyo.

INDOLENCIA

A pesar de mí misma te amo; eres tan vano
como hermoso, y me dice, vigilante, el orgullo:
«¿Para esto elegías? Gusto bajo es el tuyo;
no te vendas a nada, ni a un perfil de romano».

Y me dicta el deseo, tenebroso y pagano,
de abrirte un ancho tajo por donde tu murmullo
vital fuera colando… Sólo muerto mi arrullo
más dulce te envolviera, buscando boca y mano.

—¿Salomé rediviva? —Son más pobres mis gestos.
Ya para cosas trágicas malos tiempos son estos.
Yo soy la que incompleta vive siempre su vida.

Pues no pierde su línea por una fiesta griega
y al acaso indeciso, ondulante, se pliega
con los ojos lejanos y el alma distraída.

ODIO

Conozco tu secreto, cuerpo mío: tuviste
una imagen latente en tu rojo ramaje:
detrás de las pupilas, entre la carne triste,
la imagen realizaba su callado tatuaje:

Te penetró en el pecho con tan viva agudeza,
que el corazón de cera, celoso de llevarla,
para mejor ceñirla, para mejor guardarla,
llegó a tomar la forma de la amada cabeza.

Si ya el amor es odio, y vergüenza, y despecho,
a riesgo de morirte, la arrancarás del pecho
como Sansón, un día, volteara los pilares.

Y si quedaran rastros de sus dos ojos bellos
te vaciarás los vasos sanguíneos y por ellos
harás correr el agua salada de los mares.

OLVIDO

Lidia Rosa: hoy es martes y hace frío. En tu casa,
de piedra gris, tú duermes tu sueño en un costado
de la ciudad ¿Aún guardas tu pecho enamorado,
ya que de amor moriste? Te diré lo que pasa:

el hombre que adorabas, de grises ojos crueles,
en la tarde de otoño fuma su cigarrillo.
detrás de los cristales mira el cielo amarillo
y la calle en que vuelan desteñidos papeles.

Toma un libro, se acerca a la apagada estufa,
en el tomacorriente al sentarse la enchufa
y solo se oye un ruido de papel desgarrado.

Las cinco. Tú caías a esta hora en su pecho,
y acaso te recuerda… Pero su blando lecho
ya tiene el hueco tibio de otro cuerpo rosado.

ENCUENTRO

Lo encontré en una esquina de la calle Florida
más pálido que nunca, distraído como antes.
dos largos años hubo poseído mi vida…
lo miré sin sorpresa, jugando con mis guantes.

Y una pregunta mía, estúpida, ligera,
de un reproche tranquilo llenó sus transparentes
ojos, ya que dije de liviana manera:
—¿Por qué tienes ahora amarillos los dientes?

Me abandonó. De prisa le vi cruzar la calle
y con su manga oscura rozar el blanco talle
de alguna vagabunda que andaba por la vía.

Perseguí por un rato su sombrero que huía…
después fue, ya lejana, una mancha de herrumbre.
y lo engulló de nuevo la espesa muchedumbre.

PALABRAS A DELMIRA AGUSTINI

Estás muerta y tu cuerpo, bajo uruguayo manto,
descansa de su fuego, se limpia de su llama.
Solo desde tus libros tu roja lengua llama
como cuando vivías, al amor y al encanto.

Hoy, si un alma de tantas, sentenciosa y oscura,
con palabras pesadas va a sangrarte el oído,
encogida en tu pobre cajoncito roído
no puedes contestarle desde tu sepultura.

Pero sobre tu pecho para siempre deshecho,
comprensivo vigila, todavía, mi pecho,
y, si ofendida lloras por tus cuencas abiertas,

tus lágrimas heladas, con mano tan liviana
que más que mano amiga parece mano hermana,
te enjugo dulcemente las tristes cuencas muertas.

TERNURA

Septiembre. El duraznero, florecido, decora
las ventanas del cuarto. Las manos de la madre
están blancas, exangües, y, sobre ellas, el padre
pone los labios buenos, tibios, y los demora…

Son jóvenes, son bellos y se aman. El niño
de diez días, desnudo, llora en el desaliño
de las telas nevadas y estampadas de flores.
Canarios de oro cantan bajo los corredores.

Es la siesta. La madre saca el seno jugoso,
blanco y suave. Trasiega su líquido precioso
a la boca del dulce animalillo lerdo

que ejercita, al sorberlo, su delicia primera,
recogido en el brazo de amarillenta cera
que le ciñe la nuca. Yo miro y te recuerdo.

¿DE QUÉ ME QUEJO?

¿De qué me quejo? Es cierto que me bajé hasta el fondo
del alma del que amaba, y lleno de sí mismo
lo hallé, y al viento helado de su helado egoísmo
dudé que el globo fuera, como dicen, redondo.

¿De qué me quejo? ¿Acaso porque el cuerpo, en su daño,
afiebrado se arrastra en zigzag por el suelo,
y el monstruo pecho hinchado le impide alzar el vuelo,
pues dentro el pulpo negro, crece, del desengaño?

¿De qué me quejo? ¡Gracias! Mantengo todavía
vértebra sobre vértebra. Hacia la melodía
mi fina red nerviosa aún puede, con anhelo,

tenderse, oír los dulces, inefables, sonidos.
En mis cuencas aún giran los ojos, sostenidos,
y aunque pesados se alzan hacia tu luz, ¡oh, cielo!

CONFESIÓN

Por un miserable muero de ternura:
amo una armazón
bella, de elegante, fina contextura,
privada del zumo que da el corazón.

Su triste vacío sube a su mirada
lánguida, lavada,
y en sus venas blancas —ramaje nevado—
el limo sanguíneo parece estancado.

A veces, con modo que ya desvaría,
de mi boca ardiente a su boca fría,
le soplo mi alma: parece agitada

su carne, y el alma se le curva un poco.
Ay, luego la toco
y siento la goma de la cosa inflada.

EXISTO

Sobre tu mármol grave, oh vida, oh vida mala,
y divina, y terrible y dulce, mi escalpelo
no grabará ya nunca la palabra que es vuelo
y que dijimos solo cuando el alma es un ala.

Me aguarda el sueño espeso de aquel que no imagina
y ve claro y preciso, y ni cree ni espera.
Muero en mí para siempre y es esta la postrera
estrofa en que recuerdo que pude ser divina.

Existo, sin embargo. Recto el cuerpo se tiene.
Mastico. Huelo. Bebo. Mi testa se sostiene
allá, sobre mi cuello, donde se bambolea

como si siendo hueca le pesara una idea.
Y hasta mis ojos suelen pedirme, perezosos,
los parques amarillos, los mármoles mohosos.

EPITAFIO PARA MI TUMBA

Aquí descanso yo: dice Alfonsina
el epitafio claro, al que se inclina.

Aquí descanso yo, y en este pozo,
pues que no siento, me solazo y gozo.

Los turbios ojos muertos ya no giran,
los labios, desgranados, no suspiran.

Duermo mi sueño eterno a pierna suelta,
me llaman y no quiero darme vuelta.

Tengo la tierra encima y no la siento,
llega el invierno y no me enfría el viento.

El verano mis sueños no madura,
la primavera el pulso no me apura.

El corazón no tiembla, salta o late,
fuera estoy de la línea de combate.

¿Qué dice el ave aquella, caminante?
tradúceme su canto perturbante:

«Nace la luna nueva, el mar perfuma,
»los cuerpos bellos báñanse de espuma.

»Va junto al mar un hombre que en la boca
»lleva una abeja libadora y loca:

»Bajo la blanca tela el torso quiere
»el otro torso que palpita y muere.

»Los marineros sueñan en las proas,
»cantan muchachas desde las canoas.

»Zarpan los buques y en sus claras cuevas
»los hombres parten hacia tierras nuevas.

»La mujer, que en el suelo está dormida,
»y en su epitafio ríe de la vida,

»Como es mujer, grabó en su sepultura
»una mentira aún: la de su hartura».

DOLOR

QUISIERA esta tarde divina de octubre
pasear por la orilla lejana del mar;

que la arena de oro, y las aguas verdes,
y los cielos puros me vieran pasar.

Ser alta, soberbia, perfecta, quisiera,
como una romana, para concordar

con las grandes olas, y las rocas muertas
y las anchas playas que ciñen el mar.

Con el paso lento, y los ojos fríos
y la boca muda, dejarme llevar;

ver cómo se rompen las olas azules
contra los granitos y no parpadear;

ver cómo las aves rapaces se comen
los peces pequeños y no despertar;

pensar que pudieran las frágiles barcas
hundirse en las aguas y no suspirar;

ver que se adelanta, la garganta al aire,
el hombre más bello, no desear amar...

perder la mirada, distraídamente,
perderla, y que nunca la vuelva a encontrar;

y, figura erguida, entre cielo y playa,
sentirme el olvido perenne del mar.

VOLUNTAD

Mariposa ebria,
la tarde,
giraba sobre nuestras cabezas
estrechando sus círculos
de nubes blancas
hacia el vértice áspero
de tu boca
que se abría frente al mar
alineando sus blancos lobeznos.

Cielo y tierra
morían
en la música verde de las aguas
que no conocían caminos.
Retrocedía,
ahuecada,
la pared del horizonte

e iban a echarse a danzar
las rocas negras.
Me desnivelaban ya
los círculos de arriba
empujándome hacia ti
como hacia raíz lejana
de la que brotara.

Pero solo la tarde
bebió, lenta,
la cicuta de tu boca.

RETRATO DE GARCÍA LORCA

Buscando raíces de alas
la frente
se le desplaza
a derecha
a izquierda.

Y sobre el remolino
de la cara
se le fija,
telón del más allá,
comba y ancha.

Una alimaña
le grita en la nariz
que intenta aplastársele
enfurecida…

Irrumpe un griego
por sus ojos distantes.

Un griego
que sofocan de enredaderas
las colinas andaluzas
de sus pómulos
y el valle trémulo
de la boca.

Salta su garganta
hacia afuera
pidiendo
la navaja lunada
de aguas filosas.

Cortádsela.
De norte a sud.
De este a oeste.

Dejad volar la cabeza,
la cabeza sola,
herida de ondas marinas
negras…

Y de guedejones de sátiro
que le caen
como campánulas
en la cara
de máscara antigua.

Apagadle
la voz de madera,
cavernosa,
arrebujada
en las catacumbas nasales.

Libradlo de ella,
y de sus brazos dulces,
y de su cuerpo terroso.

Forzadle solo,
antes de lanzarlo
al espacio,
el arco de las cejas
hasta hacerlos puentes
del Atlántico,
del Pacífico…

Por donde los ojos,
navíos extraviados,
circulen
sin puertos
ni orillas…

FARO EN LA NOCHE

ESFERA negra el cielo
y disco negro el mar.

Abre en la costa, el faro,
su abanico solar.

¿A quién busca en la noche?
que gira sin cesar?

Si en el pecho me busca
el corazón mortal,

mire la roca negra
donde clavado está.

Un cuervo pica siempre,
pero no sangra ya.

PLAZA EN INVIERNO

Arboles desnudos
corren una carrera
por el rectángulo de la plaza.
En sus epilépticos esqueletos
de volcadas sombrillas
se asientan,
en bandada compacta,
los amarillos
focos luminosos.

Bancos inhospitalarios,
húmedos,
expulsan de su borde
a los emigrantes soñolientos.

Oyendo fáciles arengas ciudadanas,
un prócer,
inmóvil sobre su columna,
se hiela en su bronce.

PASIÓN

Unos besan las sienes, otros besan las manos,
otros besan los ojos, otros besan la boca.
Pero de aquel a este la diferencia es poca.
No son dioses, ¿qué quieres?, son apenas humanos.

Pero, ¡encontrar un día el espíritu sumo,
la condición divina en el pecho de un fuerte,
el hombre en cuya llama quisieras deshacerte
como al golpe del viento las columnas del humo!

La mano que al posarse, grave, sobre tu espalda,
haga noble tu pecho, generosa tu falda,
y más hondos los surcos creadores de tus sesos.

Y la mirada grande, que mientras te ilumine
te encienda al rojoblanco, y te arda, y te calcine
¡hasta el seco ramaje de los pálidos huesos!

UNA MIRADA

La perdí de mi vida; en vano en los plurales
rostros, el fulgor busco de su fluido divino;
no hay copias de sus ojos; tan solo un hombre vino
con ellas a la tierra: no hay pupilas iguales.

Redondo el globo blanco, mundo que anda despacio;
y la pupila aguda, cazadora y ceñida;
y la cuenca de sombras por rayos recorrida.
(Pretextos de que nazca la llama y logre espacio).

No más bellas que tantas otras bellas pupilas.
Tantas. Si las prendieran en desusadas filas,
como collar del mundo, serían su atavío.

Pero lo que adoraba no es lo mejor: yo busco
un modo de asomarse; el luminoso y fusco
resplandor de dos únicos orbes: lo que era mío.

CANCIÓN DE LA MUJER ASTUTA

Cada rítmica luna que pasa soy llamada,
por los números graves de Dios, a dar mi vida
en otra vida, mezcla de tinta azul teñida,
la misma extraña mezcla con que he sido amasada.

Y a través de mi carne, miserable y cansada,
filtra un cálido viento de tierra prometida,
y bebe, dulce aroma, mi nariz dilatada
a la selva exultante y a la rama nutrida.

Un engañoso canto de sirena me cantas,
¡naturaleza astuta! Me atraes y me encantas
para cargarme luego de alguna humana fruta…

Engaño por engaño: mi belleza se esquiva
al llamado solemne; y de esta fiebre viva,
algún amor estéril y de paso, disfruta.

RAZONES Y PAISAJES DE AMOR

I
AMOR

BAJA del cielo la endiablada punta
con que carne mortal hieres y engañas.
Untada viene de divinas mañas
y cielo y tierra su veneno junta.

La sangre de hombre que en la herida apunta
florece en selvas: sus crecidas cañas
de sombras de oro, hienden las entrañas
del cielo prieto, y su ascender pregunta.

Aguardando en la noche la respuesta
las cañas doblan la empinada testa.
Flamea el cielo sus azules gasas.

Vientos negros, detrás de los cristales
de las estrellas, mueven grandes masas
de mundos muertos, por sus arrabales.

II
Obra de amor

Rosas y lirios ves en el espino;
juegas a ser; te cabe en una mano,
esmeralda pequeña, el océano;
hablas sin lengua, enredas el destino.

Plantas la testa en el azul divino
y antípodas, tus pies, en el lejano
revés del mundo; y te haces soberano,
y desatas al sol de su camino.

Miras el horizonte y tu mirada
hace nacer en noche la alborada;
sueñas, y crean hueso tus ficciones.

Muda la mano que te alzaba en vuelo,
y a tus pies cae, cristal roto, el cielo,
y polvo y sombra levan sus telones.

III
Paisaje del amor muerto

Ya te hundes, sol; mis aguas se coloran
de llamaradas por morir; ya cae
mi corazón desenhebrado, y trae,
la noche, filos que en el viento lloran.

Ya en opacas orillas se avizoran
manadas negras; ya mi lengua atrae
betún de muerte; y ya no se distrae
de mí, la espina; y sombras me devoran.

Pellejo muerto, el sol, se tumba al cabo.
Como un perro girando sobre el rabo,
la tierra se echa a descansar, cansada.

Mano huesosa apaga los luceros:
chirrían, pedregosos sus senderos,
con la pupila negra y descarnada.

A EROS

He aquí que te cacé por el pescuezo
a la orilla del mar, mientras movías
las flechas de tu aljaba para herirme
y vi en el suelo tu floreal corona.

Como a un muñeco destripé tu vientre
y examiné sus ruedas engañosas
y muy envuelta en sus poleas de oro
hallé una trampa que decía: sexo.

Sobre la playa, ya un guiñapo triste,
te mostré al sol, buscón de tus hazañas,
ante un corro asustado de sirenas.

Iba subiendo por la cuesta albina
tu madrina de engaños, Doña Luna,
y te arrojé a la boca de las olas.

RÍO DE LA PLATA EN ARENA PÁLIDO

¿De qué desierto antiguo eres memoria
que tienes sed y en agua te consumes
y alzas el cuerpo muerto hacia el espacio
como si tu agua fuera la del cielo?

Porque quieres volar y más se agitan
las olas de las nubes que tu suave
yacer tejiendo vagos cuerpos de humo
que se repiten hasta hacerse azules.

Por llanuras de arena viene a veces
sin hacer ruido un carro trasmarino
y te abre el pecho que se entrega blando.

Jamás lo escupes de tu dócil boca:
llamas al cielo y su lunada lluvia
cubre de paz la huella ya cerrada.

EL HIJO

Se inicia y abre en ti, pero estás ciega
para ampararlo y si camina ignoras
por flores de mujer o espadas de hombre,
ni qué alma prende en él, ni cómo mira.

Lo acunas balanceando, rama de aire,
y se deshace en pétalos tu boca
porque tu carne ya no es carne, es tibio
plumón de llanto que sonríe y alza.

Sombra en tu vientre apenas te estremece
y sientes ya que morirás un día
por aquel sin piedad que te deforma.

Una frase brutal te corta el paso
y aún rezas y no sabes si el que empuja
te arrolla sierpe o ángel se despliega.

AUTORRETRATO BARROCO

Una máscara griega, enmohecida
en las romanas catacumbas, vino
cortando espacio a mi calzante cara.
El cráneo un viejo mármol carcajeante.

El Nuevo Continente sopló rachas
de trópico y de sud y abrió sus soles
sobre la testa que cambió su acanto
en acerados bucles combativos.

En un cuerpo de luna, tan ligero
que acunaban las rosas tropicales,
un órgano, tremendo de ternura,

me dobló el pecho. Mas, ¿por qué sus sones
contra el cráneo se helaban y expandían
por la burlesca boca acartonada?

ALGUNA MUJER
(*Biblia - Calle Florida*)

¿Quién es esa que del Azogue baja,
alto monte, torcido en la cabeza
un sol y sobre el rostro hilos de noche
tramados y filtrando verdes de áspid?

Terrible y como ejércitos en marcha
es ella desplegando sus banderas
zoológicas, en antes y leopardos,
con sus caudas benéficas de flores.

Murallones de llanto a sus costados
levantan hasta el cielo sus almenas
negras, pidiendo el trigo de oro y alba.

Esa que viene alinea sus cabritos
en rojo labio y lo compone todo
su sonrisa que arrolla sombra y llanto.

DÉJAME

No pensaré otra vez del mismo modo;
déjame andar, déjame andar a curvas;
contradicción, contradicción es todo.

No hay más verdad que remover la vida...
déjame andar con la esperanza suelta,
yo picaré toda verdad sabida.

Déjame corretear como los vientos;
del mismo pensamiento que me canse
yo sacaré los nuevos pensamientos.
Deja que viva y que el error me doble,
bello es errar y confesar el yerro;
virtud que no se prueba no es la noble.

Oh, no quiera trocarme en una estatua,
el alma anquilosada en una idea.
Anquilosada en una idea fatua.

Déjame andar, correr, moverme libre:
llore, blasfeme, rece, cante, ría,
sucumba, implore, me desmaye o vibre.

Deja que a mi designio me someta,
oh tú, feliz, que por las calles pasas…
¡ya habré de estarme para siempre quieta!

ANIMAL CANSADO

Quiero un amor feroz de garra y diente
que me asalta a traición en pleno día
y que sofoque esta soberbia mía
este orgullo de ser todo pudiente.

Quiero un amor feroz de garra y diente
que en carne viva inicie mi sangría
a ver si acaba esta melancolía
que me corrompe el alma lentamente.

Quiero un amor que sea una tormenta
que todo rompe y lo renueva todo
porque vigor profundo lo alimenta.

Que pueda reanimarse allí mi lodo,
mi pobre lodo de animal cansado
por viejas sendas de rodar hastiado.

EL PUENTE

Vengo de un pozo: la vida,
voy hacia otro: la muerte…
Lo que va del uno a otro
es un puente.

Me cruzo el puente cantando
para no ver que allí enfrente
el pozo negro me espera
para siempre.

Todos como yo, cantando,
me acompañan sobre el puente,
se aturden unos con otros,
van alegres.

El sol parece reírse
de toda esa pobre gente

que va cantando hacia el pozo
a perderse.

Pero una flor que acostada
está en la orilla del puente
ríe del sol y le explica:
—Todo vuelve.

CONVERSACIÓN

Dios te perdone al fin tanta tortura:
bien que a tu mano la movió el despecho
y daga fina hundísteme en el pecho,
que no te sea la existencia dura.

Que una vez más conozca la amargura
importa poco; el corazón deshecho
aprende más con tu impiedad. Bien hecho;
gracias, amigo, que esto me depura.

Iba teniendo una sospecha vaga
de que la llama del placer se apaga
poquito a poco en el camino humano.

Temblaba acaso por su leve abrigo,
pero inquietud me ahorras, buen amigo,
que de un golpe la ciegas con tu mano.

A UNA MUJER QUE HAGA VERSOS

NACERÁS una tibia noche de primavera,
y serás perezosa. Y amarás los manjares
delicados, las sedas, los coquetos lunares,
y serás más que todas, delicada y ligera.

Y tendrás en los ojos una pura esmeralda
continuamente ardida, y buscarás un pecho
de hombre bueno. Y el hombre, señalándote un lecho,
la conductora mano pondrá sobre tu espalda.

Y pedirás un carro de purpuradas rosas,
coronado de dulces abejas rumorosas
para tirar, cantando, con un ala muy fina…

Y unciéndote al arado, el grito del arriero,
(disimulado acaso en un cuerpo ligero:
amigo, hermano, oyente) te gritará: ¡Camina!

ESCRIBO...

Escribo a los treinta años este libro diverso
con sangre de mis venas, según la frase vieja.
¿Para qué? No investigo. Mi mano se aconseja,
acaso, de un deseo destructor y perverso:

el de hundir cada instante, en el pomo-universo
de mi alma y carne, la espuela de la abeja,
para urgirla a que suelte, briosamente, su queja,
y ceñirla en el aro goloso de mi verso.

Ved mi bella persona distendida en la tabla.
cuando exhausta, agotada, ni se mueve, ni habla,
pues cedió ya mi pecho cuanto zumo tenía;

con amor, que es encono, brutalmente la animo.
La acicato, la hiero, la violento, la exprimo,
para que dé el ronquido final de la agonía.

EL TUMULTO

Yo fui la planta llena de hojarasca
de torcida raíz, sí que bien honda:
un tumulto de savia, y su borrasca
donde faltaba fruto puso fronda.

Error de exceso que no fue problema,
pues no duró; el dolor me puso a poda
y hacha en la mano despojóme toda
para encauzarme en una sola yema:

me faltaba un amor, y ya lo tuve,
una infamia también y di con ella,
un engaño y lo hallé; la savia sube

a copular mi vida en una bella
rama cargada que pesarme siento
y empiezo a madurar: estate atento.

SOÑAR

Las mujeres solteras sueñan de varios modos.
unas sueñan con joyas otras sueñan con flores,
otras sueñan con vagos y tímidos amores.
¡son mis ardientes sueños tan distintos de todos!

Porque son mis deseos rebeldes a la brida
–como potros– yo sueño con músculos de atleta
repujados en bronce; con la fecunda veta
de una vena que arrastran, en tumulto, la Vida;

con caricias audaces; y con el beso acre,
mordaz y calcinante de una boca de lacre.
Transfigúrome entonces y, en pasional derroche,

soy lingote de plomo. Me enciendo al rojosombra.
me fundo en el aliento de aquel que no se nombra.
renazco entre sus brazos.
¡Y así toda la noche!

UNA QUEJA

Yo he buscado en la vida nobles seres
en quienes descansar esta pesada
angustia mía, propia de mujeres;
pero no he sido nunca consolada.

La fiebre que agitaba mis arterias
no fue motivo de piedad; más fuerte
siempre que los demás, tocóme en suerte
con manos finas restañar miserias.

Grandes dolores conocí, y no fueron
los más tremendos los que más mordieron
ni la crueldad y el odio recogidos.

Que acaso como nada me ha llagado
haber visto a los hombres a mi lado
pequeños y caídos.

MAÑANA DE DOMINGO

En el hall de la casa entra el sol de febrero
y mi amiga ensoñando sus labores trabaja.
Me mira. Toma entonces su perfumada caja
de recuerdos, la vuelca sobre su costurero.

Su hermana, la menor, canturrea en la alcoba
y se trenza el cabello, y mi amiga suspira,
porque las dos adoran al mismo; pero Alcira,
la menor, tiene un alma tempestuosa de loba.

Dos o tres sombras pasan detrás de los visillos:
¿La madre, algún hermano?… un olor de membrillos
al horno por la casa se difunde y perfuma.

—Uno me amó de veras, su alma era una espuma,
me dice. De su caja saca un cirio celeste
ya casi consumido: —Lo velaron con este.

PASÉ

Pasé como una llama entre pálidas luces;
un torrente de fuego –y un grito– fue mi voz;
más que, mi propia cruz cargué todas las cruces
y no acunó mis noches la sonrisa de Dios.

Me anubló la mirada un velo de inocencia
y un pétalo de luna me fingió corazón.
Entre obscuras conciencias fue clara mi conciencia.
Nadie miró aquel velo ni entendió mi canción…

SOLEDAD

Señora soledad que tu esqueleto
creí de grises vértebras un día
aníllame con fuerza entre tus arcos
que no quiero de ti partirme ahora.

Que al acercarme vi que en flor abría
tu aparente esqueleto calcinado,
y en tus vértebras limos creadores;
y eran tus cuencas de un azul de llama.

Holgada estoy: tu cielo no me nieva;
deja caer en claros remolinos
unos trenzados de cristales rosas.

Y nuevamente con sus voces altas,
entre tus finas nieblas escondidos,
oigo cantar mis pájaros de fuego.

ACASO

ANDAS por esos mundos como yo... no me digas
que no existes. Existes: nos hemos de encontrar;
no nos conoceremos. Disfrazados y torpes
por los mismos caminos echaremos a andar.

No nos conoceremos... distantes uno de otro
sentirás mis suspiros y te oiré suspirar...
—¿Dónde está la boca, la boca que suspira?
diremos, el camino volviendo a desandar.

Quizá nos encontremos frente a frente algún día;
quizá nuestros disfraces nos logremos quitar...
Y ahora me pregunto: —cuando ocurra, si ocurre,
¿sabrás tú de suspiros? ¿sabré yo suspirar?

AMOR

Amor alado y cálido de rosas
cubierto el torso, que pasaste un día
ante mis ojos… Te seguí cegada
diciendo quedo las palabras dulces.

Yo que mendiga de tu gracia he sido,
tu gracia plena que no tuve nunca,
yo, pordiosera y andrajosa dite
palacios de oro, fantasías bellas.

¡Amor, amor! Sobre la tierra cálida
redonda y dulce, con sus cabelleras
verdes –los bosques– con sus ojos claros
–los lagos tersos– te he buscado ¡oh sueño!

Yo me creía una princesa egipcia,
tú desde Roma sobre el mar venías.

llevada a pulso por esclavos viles
junto a la mar azul yo te esperaba.

Todo sufría en torno nuestro; todo
era como desierto bajo el viento,
solo en nosotros Primavera eterna
volcaba rosas, deponía mieles.

De los griegos montes nos llegaban
el mar cruzando, perfumadas brisas;
para nosotros daba el mar sus perlas
seda el gusano, las panteras pieles.

Todo era mío en torno, y yo, pudiente,
vencida estaba por tus ojos fieros,
tu gran cuello de buey, y ese, tu brazo
que muerte causa cuando el arma apoya.

¿Mas, todo esto, Amor, qué fue en mi vida?
vana ilusión, palabra, canto, estrofa.
fuente profunda donde nadie bebe
el agua mía se evapora al viento.

AQUELLA TARDE

El sol, padre de culpas, requemaba mi piel
cuando te vi llegar por entre la arboleda;
he debido sentirme dócil como la seda;
he debido ponerme blanca como el papel;

Porque la voluntad se me murió en la miel
de tus labios sedientos sin que recordar pueda
cuál es la maestría que a tus labios se enreda
y cómo y con cuál arte fuiste bueno y cruel.

Pero sé que en tus brazos me doblé como un lirio,
que la tarde y su hechizo le prestaron delirio
a tus ojos azules empapados de ruego.

Y hasta tengo conciencia de una muerte interior
cuando, crucificados en la cruz del amor,
me quemaron los labios tizones de fuego!

VOY A DORMIR

Dientes de flores, cofia de rocío,
manos de hierbas, tú, nodriza fina,
tenme prestas las sábanas terrosas
y el edredón de musgos encardados.

Voy a dormir, nodriza mía, acuéstame.
Ponme una lámpara a la cabecera;
una constelación; la que te guste;
todas son buenas; bájala un poquito.

Déjame sola: oyes romper los brotes…
te acuna un pie celeste desde arriba
y un pájaro te traza unos compases

para que olvides… Gracias. Ah, un encargo:
si él llama nuevamente por teléfono
le dices que no insista, que he salido…

ÍNDICE

De sombra y llanto,
antología de ALFONSINA STORNI,
terminó de imprimirse
el 3 de febrero de
2 0 2 5